AF673014

Sina Kongehl-Breddin
Drei historische Kurzkrimis

Sina Kongehl-Breddin

Drei historische Kurzkrimis

Rediroma-Verlag

Bibliografische Information der Deutschen Nationalbibliothek:
Die Deutsche Nationalbibliothek verzeichnet diese Publikation in der Deutschen Nationalbibliografie; detaillierte bibliografische Daten sind im Internet über http://portal.dnb.de abrufbar.

ISBN 978-3-98885-133-8

Umschlagillustration:

www.rediroma-verlag.de
9,95 Euro (D)

Inhalt

SINA
KONGEHL-BREDDIN
WENN ES
DUNKEL WIRD IN
BISMARK
anno 1901
Krimi

Bismark 1901. Der Tod einer jungen Schneiderin sorgt für Aufregung unter den Einwohnern der Kleinstadt. Sophia Wallau, ein junges Dienstmädchen, wurde Zeugin des Verbrechens. Allerdings hat sie nicht den Mörder, sondern nur dessen Schattengestalt gesehen. Auf der Suche nach ihm gerät auch sie in Gefahr.

Wenn es dunkel wird in Bismark

Es war ein kalter Wintertag des Jahres 1901, als sich Sophia Wallau zu später Stunde auf dem Heimweg begab. Sophia war einundzwanzig Jahre alt, hatte lange blonde Haare und leuchtend blaue Augen.

Die junge Frau wohnte schon so lange sie denken konnte in der kleinen Stadt Bismark, welche vorwiegend von Fachwerkhäusern geprägt war. Ihre Eltern waren früh verstorben, seitdem lebte sie bei ihrer alten Tante Helene. Diese hatte viele Jahre lang hart als Tagelöhnerin gearbeitet. An den Sonntagen besuchten die beiden Frauen oft gemeinsam die Gottesdienste in der Stadtkirche.

An diesem Tag hatte sich bereits die Dunkelheit über die Stadt gelegt, die Luft war klar und feucht.

Sophia zitterte, die eisige Kälte schien langsam, aber sicher durch ihre Kleidung zu dringen.

Gedankenversunken stapfte sie durch die menschenleere Straße. Plötzlich hörte sie einen furchtbaren Schrei, der aus Richtung des gegenüberliegenden Torwegs zu ihr herüberdrang. Danach herrschte Stille.

Die junge Frau sah erschrocken auf. Durch das schwache Licht, welches ein darüberliegendes Fenster abwarf, sah sie eine eilig in der Dunkelheit verschwindende Schattengestalt. Sophia konnte nur vage die Umrisse eines Mannes erkennen, da es stockfinster war.

Durch den furchtbaren Schrei und das Gebell der Hunde kamen nun auch die Einwohner aus ihren Häusern.

Ein altes Ehepaar, das direkt über den Torweg wohnte, war als Erstes zur Stelle. Mittlerweile drängten sich die Schaulustigen zu Scharen auf der Straße.

„Hilfe, Hilfe!“, schrie die Alte. Erst als sie ihre Laterne über die am Boden liegende Frau schwenkte, erkannte man, um wen es sich handelte. Ein Schrecken durchfuhr die Bevölkerung, viele schlugen die Hände vors Gesicht.

Es war Anna Walter, eine stadtbekannte Schneiderin. Wer hatte der jungen Frau nur so etwas Furchtbares angetan?

„Oh, mein Gott“, schluchzte die Alte erneut. „Jemand hat sie ermordet.“

Die Schneiderin lag reglos am Boden. Aus ihrer linken Brusthälfte sickerte das Blut.

Der Mörder hatte ihr einen gezielten Stich ins Herz versetzt.

Nachdem der Arzt den Tod der Frau bestätigt und der Bestatter den Leichnam geborgen hatte, nahm die Polizei die Aussagen der Leute auf.

Sophia berichtete von dem in der Dunkelheit verschwundenen Schattenmann. Nur zögerlich löste sich die aufgeregte Menschenmenge nach und nach auf. Auch Sophia taumelte irgendwann benommen heim.

Sie legte sich erschöpft ins Bett, wo sie plötzlich erneut das Bild des Schattenmannes vor sich sah. Komisch war, dass ihr die

Gestalt nicht gänzlich fremd vorkam, obwohl sie nicht wusste, weshalb.

Des Nachts wurde Sophia schließlich von heftigen Albträumen geplagt.

Es war noch sehr früh, als die junge Frau müde und erschöpft ihr Zuhause verließ, um ihre Arbeit als Dienstmädchen zu verrichten. Die schrecklichen Ereignisse der Nacht machten ihr noch immer zu schaffen.

Dennoch konzentrierte sie sich so gut es ging auf ihre Arbeit. Seit einiger Zeit arbeitet sie bei dem wohlhabenden Fabrikanten Karl Hansen, dessen Familie es mit den Jahren zu einem beachtlichen Vermögen gebracht hatte. Herr Hansen war ein stattlicher Mann, dessen rundliches Gesicht von einem grauen Bart geziert wurde.

Die Familie wohnte in einem herrschaftlichen Haus am östlichen Rand von Bismark.

„Guten Morgen, Herr Hansen“, grüßte Sophia mit einem Knicks. Sie trug ein dunkles Arbeitskleid und eine weiße Schürze. Wie jeden Morgen servierte sie den Herrschaften das Frühstück. Zur Familie gehörten neben dem Ehepaar Karl und Magda Hansen auch ihr erwachsener Sohn Simon.

Im Gegensatz zu ihrem Mann war Magda Hansen eine zierliche Person, mit einem schmalen Gesicht.

Natürlich gehörte auch bei den Hansens der Tod der Schneiderin zum Tagesgespräch.

„Sophia, man erzählt sich, dass du den Mörder gesehen hättest?“, bemerkte Karl Hansen, indem er die Zeitung aufschlug.

„Ja“, stammelte diese, „das heißt nein, ich habe nur einen Schatten von einem Mann wahrgenommen!“

Simon starrte stumm und mit leerem Blick auf seinen Teller.

„Man ist sich heutzutage nirgends mehr sicher, nicht wahr Karl?“, fügte Magda in ihrem Tee rührend hinzu.

„Habe keine Sorge, meine Teuerste! Die Polizei findet den Täter, da bin ich mir sicher“, verkündete Hansen.

Nachdem Karl Hansen seiner Gattin den Tathergang geschildert hatte, gab Simon plötzlich vor, sich dringend um geschäftliche Angelegenheiten kümmern zu müssen.

Nach dem Frühstück schritt Sophia in den Keller, um Feuerholz für den Kamin zu holen. Dabei machte sie eine unfreiwillige und gleichzeitig merkwürdige Entdeckung. Die Kellertür, aus der ein gedämpfter Lichtstrahl drang, war einen Spalt breit geöffnet. Sophia schlich sich heran und blinzelte mit einem Auge hindurch.

Sie beobachtete, wie Simon einen Karton unter dem Schrank hervorholte.

Noch bevor er den Deckel öffnete, rief Magda Hansen lautstark nach Sophia. Erschrocken schob Simon den Karton vorerst an seinen Platz zurück. Natürlich hatte sich auch Sophia erschrocken.

Um nicht entdeckt zu werden, stieg das Dienstmädchen rasch die Treppen hinauf.

„Hier bin ich! Ich war gerade im Keller, um Feuerholz für den Kamin zu holen!“, entschuldigte sie sich für ihre Abwesenheit.

Magda Hansen warf ihr einen prüfenden Blick zu, nickte jedoch verständnisvoll.

Kurz darauf kam Simon die Kellertreppe hinauf.

Seine Mutter war verdutzt und verlangte nach einer Erklärung.

Ihr Sohn antworte verstohlen: „Ich dachte, ich hätte dort unten ein Geräusch gehört. Doch es war alles in bester Ordnung. Wenn du mich jetzt bitte entschuldigst, Mutter. Ich bin in Eile, da ich verabredet bin!“

Frau Hansen schüttelte den Kopf, bevor sie wortlos in ein angrenzendes Zimmer verschwand. Nachdem die Luft rein war, schlich Sophia abermals in den Keller. Aufgrund ihrer vorherigen Beobachtung hatte sie die Neugier gepackt. Was hielt Simon dort in dem Karton versteckt?

Obwohl sie jeden Moment damit rechnete, dass Magda Hansen erneut nach ihr rief, wagte sie es, den versteckten Karton hervorzuholen.

Als sie den Deckel öffnete, traute sie ihren Augen nicht.

Der Karton enthielt unzählige Liebesbriefe der ermordeten Anna Walter an Simon Hansen. Verwirrt stellte Sophia alles wie gehabt an seinen Platz zurück.

Danach packte sie das Feuerholz in den Korb und eilte nach oben, um endlich, wie geplant, den Kamin anzuheizen.

Dabei schwirrten ihr unzählige Fragen im Kopf herum. Eine Frage beschäftigte sie ganz besonders. Hatte Simon Hansen etwas mit dem Tod der Schneiderin Anna Walter zu tun?

Der restliche Tag verlief ohne Vorkommnisse. Simon und sein Vater waren bis zum späten Nachmittag außer Haus gewesen. Sophia war dagegen wie jeden Tag bis zwanzig Uhr im Haushalt der Familie tätig. Anschließend ging sie nach Hause und stapfte im dicken Wintermantel durchs dichte Schneegestöber. An diesem Abend war es kälter als an den Abenden zuvor.

Um ihren Weg abzukürzen, beschloss Sophia, durch den kleinen Gang der Stadt zu gehen. Nach wenigen Metern hörte sie jedoch Schritte, woraufhin sie sich blitzschnell umdrehte. Sie konnte jedoch niemanden erblicken.

Das Dienstmädchen versuchte, ruhig zu bleiben, und ging weiter. Doch da vernahm sie erneut Schritte. Sie kamen hörbar näher. Ihr Herz klopfte und der Puls raste.

Plötzlich tauchte hinter ihr eine sichtbar finstere Männergestalt auf, welche durch das dichte Schneetreiben nur unscharf zu erkennen war.

Sophia hätte schreien können, doch die Angst schnürte ihr die Kehle zu. Sie rannte, so schnell sie nur konnte, doch die Gestalt tat es ihr gleich, sodass Sophia das letzte Stück durch den dunklen, schmalen Gang kaum noch Luft bekam.

Ihr Atem drohte sich beinahe zu überschlagen. Die kalte Luft, welche in ihre Lunge strömte, bereiteten ihr heftige Schmerzen.

Erst nachdem sie die Alte Straße erreicht hatte, wagte sie, sich nach ihrem Verfolger umzusehen. Der war jedoch wie vom Erdboden verschluckt. Zum Glück kam in diesem Augenblick eine grölende Feiergesellschaft in einer Pferdekutsche vorbei, sodass sich Sophias Furcht etwas legte.

Auf dem restlichen Heimweg dachte sie daran, dass sich der Verfolger, eventuell wegen ihrer polizeilichen Aussage, an ihr rächen wollte.

Die junge Frau hatte große Angst, beschloss aber, vorerst niemandem über den Vorfall zu berichten. Nicht einmal ihrer Tante Helene.

In den nächsten Tagen blieb es ruhig in Bismark. Erst am darauffolgenden Donnerstag gab es Neuigkeiten im Mordfall Anna Walter. Die Polizei gab an, den Täter gefasst zu haben.

Erwin Hinrichs, ein armer Teufel, der nicht wusste, wie er sein Weib und die fünf Kinder über die Runden bringen sollte, war in die Ermittlungen der Polizei geraten.

Laut den Zeugenaussagen war Erwin am Tatabend in der Nähe von Anna Walters Nähstube gesichtet worden.

Der Beschuldigte stritt alles ab und setzte sich bei seiner Festnahme heftig zur Wehr. Zwar konnte man Erwin Hinrichs bisher nichts Genaues nachweisen, hielt ihn aber dennoch weiter in Gewahrsam. Für die Bismarker schien der Fall so gut wie gelöst, wodurch sich eine gewisse Erleichterung breitmachte.

An Tag drei nach Hinrichs Festnahme geschah etwas Unerwartetes. Bauer Löhner befand sich, wie jeden Morgen, auf dem Weg zu seinem abseits der Stadt gelegenen Kuhstall. Die angrenzenden Äcker waren tief verschneit, kahle Weiden säumten den Wegesrand.

Der Bauer sah bereits von Weitem eine Frau am Boden liegen. Aufgeregt sprang er von seinem Pferdewagen und rannte auf die Stelle zu, da er glaubte, dass die Person in der Kälte zu erfrieren drohte.

Bei genauerer Betrachtung erkannte er, dass es sich um seine treue Magd Gretel Müller handelte.

„Oh mein Gott, Gretel, was ist mit dir? Hörst du mich?“, sprach der Bauer die regløse Frau mit angsterfüllter Stimme an.

Während er versuchte, die Magd auf den Rücken zu drehen, bemerkte er, dass ihr Körper bereits erstarrt war. Der Bauer schreckte zurück.

„Hilfe! Noch ein Mord! Hilfe, so helft doch!“, rief er in seiner Not. Da keine Menschenseele zugegen war, setzte er sich in Windeseile auf seinen Pferdewagen, schwang die Peitsche und fuhr, so schnell er konnte, in die Stadt zurück.

Nach der Meldung des Mordes war die Aufregung dementsprechend groß. Erneut war eine junge Frau durch einen gezielten Stich mitten ins Herz getötet worden. Die Polizei stand vor einem Rätsel.

Erwin Hinrichs, der sich zu dieser Zeit in Polizeigewahrsam befand, konnte unmöglich der Täter sein.

Laut Bauer Löhners Aussage hatte er die Magd zuletzt gegen einundzwanzig Uhr dreißig lebend gesehen. Zusammen mit dem Tierarzt hatten sich die Magd und er bis spät abends um ein erkranktes Kälbchen gekümmert.

Während der Tierarzt und Bauer Löhner noch eine Weile im Stall geblieben waren, hatte sich Gretel bereits zur angegebenen Zeit auf den Heimweg begeben.

Im Gegensatz zum Mord an Anna Walter hatte der vermeintliche Mörder dieses Mal jedoch Spuren hinterlassen. Dadurch konnte man einen Tatablauf erstellen und besaß einen Anhaltspunkt.

Dieser lautete wie folgt: Unmittelbar, nachdem Gretel Müller den Kuhstall verlassen hatte, muss ihr der Unbekannte aufgelauert haben. Danach wurde die junge Frau vermutlich angegriffen, wobei sich der Täter im Kampfgemenge verletzte. Zumindest deuteten die von der Polizei gesicherten Blutspuren, welche bis in die Nähe des kleinen Ganges führten, darauf hin.

Anhand dieser Tatsachen gab es fortan keinen Grund mehr, den Beschuldigten Erwin Hinrichs länger festzuhalten, sodass man ihn noch am selben Tag auf freien Fuß setzte. Als Sophia Wallau von den Vermutungen der Polizei hörte, dachte sie sofort an ihren Verfolger. Sie glaubte nun fest daran, dass der Mörder auch hinter ihr her gewesen war.

Merkwürdig schien zudem, dass Simon Hansen seitdem noch nervöser war als nach Bekanntgabe von Annas Tod. Er las jeden Zeitungsartikel über den Mord an Gretel Müller und starrte danach oft minutenlang ins Leere.

Außerdem hatte Sophia am Morgen nach Anna Walters Ermordung eine Schnittverletzung an Simons Arm entdeckt. Eine Schnittverletzung, wie sie sich der Mörder beim Angriff auf die Magd Gretel Müller zugefügt haben könnte.

Eine anfangs unbedeutend geglaubte Beobachtung, die nun zusehends von Wichtigkeit wurde. Sophia überlegte, ob sie der Polizei nicht endlich von ihrer Vermutung erzählen sollte. Doch vorerst schob sie ihren Gedanken erneut beiseite. Man würde ihr bestimmt nicht glauben, da sie außer ein paar lächerlichen Liebesbriefen in einem versteckten Karton keine näheren Beweise für ihre Vermutung hatte.

Am späten Nachmittag bereitete Sophia eine für den Abend geplante Feier der Hansens vor. Es sollte den Gästen an nichts fehlen. Immerhin waren auch der oberste Polizeikommissar von Bismark, Herr Mahlzahn, und seine Gattin eingeladen.

Da für die Zubereitung der Speisen etwas getrocknetes Gewürzkraut fehlte, ging Sophia in den Keller, um welches zu holen.

Dort angekommen, stand sie erneut vor dem Schrank, unter dem sich der Karton mit den Liebesbriefen befand. Sophia nutzte die Gelegenheit, um erneut nach den Briefen zu sehen. Doch zu ihrer Überraschung waren sie verschwunden. Simon musste sie beseitigt haben. Nur weshalb?

Am Abend erschienen zahlreiche Gäste, Bekannte, Verwandte, Freunde und natürlich Kommissar Mahlzahn nebst seiner Frau. Man aß, trank und tanzte. Zu später Stunde, nachdem alle Gäste fort waren, machte man es sich noch in kleiner Runde, mit dem Ehepaar Mahlzahn, vor dem Kamin gemütlich. Es dauerte nicht lang, bis die Bismarker Frauenmorde in den Vordergrund des Gespräches rückten.

„Ich gestehe, dass sich die beiden Mordermittlungen als sehr schwierig erweisen“, gestand der Kommissar. „Doch meine Männer und ich werden den Mörder schon bald hinter Schloss und Riegel bringen.“

Die Aussage des Kommissars ließ alle aufatmen.

„Sophia, schenke unseren Gästen bitte noch etwas Wein nach“, bat Frau Hansen.

Das Dienstmädchen folgte den Anweisungen und servierte kurz darauf das gewünschte Getränk.

Das Feuer im Kamin loderte nun so heftig, dass es einen großen Schein in den Raum warf.

Als sie Simons Weinglas befüllte, wurde Sophia plötzlich kreidebleich. Der Feuerschein, welcher Simons Schattenbild an die Wand warf, löste in ihr die Erinnerung an den schrecklichen Mord von Anna Walter aus. Jetzt war sie sich sicher. Es war der Schatten von Simon Hansen, den sie in jener Nacht gesehen hatte.

Sophia lief ein kalter Schauer über den Rücken, woraufhin ihr die Weinflasche aus der Hand rutschte und krachend zu Boden fiel.

„Sophia!“, schrie Magda Hansen empört. „Was ist mit dir? Kannst du nicht aufpassen?“

Diese blieb jedoch unbeirrt. „Simon war der Schattenmann, den ich in der Mordnacht von Anna Walter gesehen habe. Darum kam mir der Schatten auch nicht gänzlich fremd vor. Ja, es war Simon. Es besteht kein Zweifel!“, rief sie.

Der Beschuldigte sah wie vom Blitz getroffen zur Wand, an der sich sein Schatten jetzt so deutlich wie ein Scherenschnitt abzeichnete.

„Das ist ja ungeheuerlich! Wie kannst du so etwas behaupten?“, brüllte Karl Hansen das Dienstmädchen an. Der Fabrikant wollte Sophia gerade des Raumes verweisen, als sein Freund, Kommissar Mahlzahn, ihn davon abhielt.

Stattdessen forderte er Simon zu einer Stellungnahme auf.

„Simon, was hast du dazu zu sagen?“

Der Enttarnte war zunächst verstört. Danach brach er jedoch unter Tränen zusammen. Ein lang gehütetes Geheimnis kam nun binnen Sekunden ans Tageslicht.

„Ja, es stimmt, ich war in der Mordnacht bei Anna Walter“, gab er unweigerlich zu.

„Simon, schweig!“, versuchte Magda Hansen ihren Sohn zur Vernunft zu bringen.

Ungeachtet der Worte seiner Mutter flehte Simon den Kommissar an. „Es ist nicht so, wie Sie denken! Ich habe Anna geliebt. Ich hätte ihr niemals etwas antun, geschweige sie brutal ermorden können. Bitte, Herr Mahlzahn, Sie müssen mir glauben!“

Karl und Magda Hansen wären am liebsten vor Scham im Boden versunken, anstatt Simon weiter zuzuhören. Sie konnten es kaum ertragen, sich ihren Sohn in den Armen einer mittellosen Schneiderin vorzustellen.

„Wir hatten uns gestritten, weil Anna nicht mehr länger nur meine heimliche Geliebte sein wollte. Sie wünschte sich, dass jeder von unserer Liebe erfährt. Doch dazu fehlte mir der Mut.“

„Und was geschah daraufhin?“, fragte Mahlzahn im ruhigen Ton.

„Sie stellte mir an diesem Abend ein Ultimatum, doch ich sagte ihr, dass es nicht der richtige Zeitpunkt dafür sei. Wir gerieten in Streit, wobei mich Anna heftig kratzte.“

„Und dann?“, setzte Mahlzahn nach.

„Dann habe ich wütend das Haus verlassen. Nur kurz darauf hörte ich Annas furchtbaren Schrei. Ich lief sofort zurück, um nachzusehen, ob ihr irgendetwas zugestoßen war. Da sah ich sie, nur wenige Meter von dem Haus entfernt, blutend auf dem Boden liegen. Sie muss mir unmittelbar nach dem Verlassen ihrer Wohnung gefolgt sein. Ich hatte furchtbare Angst, dass man mich als Mörder verdächtigen könnte. Daher rannte ich kopflos davon."

„In dieser Zeit muss Anna Walter auf ihren Mörder getroffen sein", kombinierte Mahlzahn blitzschnell.

„Wenn ich doch nur alles ungeschehen machen könnte. Ich habe Anna schließlich über alles in der Welt geliebt", brachte Simon mit wimmernder Stimme hervor. Der Bismarker Kommissar klopfte ihm verständnisvoll auf die Schulter.

Karl und Magda Hansen hatten Simons Geständnis noch immer nicht überwunden. Sie standen nur da, geschockt, mit stummen Mienen, um den Kamin versammelt.

Kommissar Mahlzahn hatte dagegen schon einen Plan gefasst und bat Sophia, am nächsten Morgen so früh wie möglich zu ihm auf die Wache zu kommen.

Als Sophia pünktlich acht Uhr auf dem Polizeirevier eintraf, wurde sie bereits erwartet. Trotz ihrer anfänglichen Zweifel hatte sie sich noch am gestrigen Abend dazu entschlossen, dem Kommissar von der unheimlichen Verfolgung im Gang zu erzählen. Daraufhin war Mahlzahn auf eine Idee gekommen, wie man dem Täter schnellstmöglich auf die Schliche kommen könnte.

„Also, Fräulein Wallau, ich habe mir da Folgendes überlegt“, begann er einleitend.

Sophia schaute gespannt.

„Ich glaube, da Ihnen der Mörder schon einmal nachstellte, wird er es mit Sicherheit auch ein zweites Mal versuchen. Wären Sie bereit, uns zu helfen?“

Obwohl Sophia nicht genau wusste, worauf der Kommissar eigentlich hinauswollte, willigte sie ein.

Schließlich wollte sie ja, dass der Frauenmörder endlich gefasst wurde.

Um den Täter anzulocken, beschloss Mahlzahn, das Dienstmädchen am Abend nochmals durch den Gang gehen zu lassen.

Derweil wollte sich die Polizei in einem nahen liegenden Versteck aufhalten, um beim eventuellen Auftauchen des Täters eine direkte Festnahme vorzunehmen. Der Kommissar versicherte Sophia, dass ihr dabei nichts geschehen würde.

Es war gegen einundzwanzig Uhr, als das Dienstmädchen Sophia Wallau wie vereinbart den schmalen Gang betrat. Sie hatte ein mulmiges Gefühl, wobei sie am liebsten wieder umgekehrt wäre. Doch sie stapfte mutig weiter durch den Schnee, blieb ab und zu stehen und sah sich vorsichtig um.

Plötzlich stand eine düstere Gestalt mit einer blitzenden Messerklinge vor ihr. Die junge Frau schrie, so laut sie nur konnte. In Windeseile rannte sie durch den Gang davon.

In diesem Augenblick stürmte die Polizei aus ihrem Versteck hervor und ergriff den mutmaßlichen Täter auf frischer Tat.

Mahlzahn nahm Sophia beruhigend in den Arm. Sie weinte und zitterte.

„Es handelt sich um Achim Lachner, Herr Kommissar“, rief der uniformierte Kollege.

Mahlzahn nickte wissend. Lachner, der in einem Nachbardorf von Bismark wohnte, war der Polizei zwar als Kleinkrimineller kein Unbekannter, doch dass er zum Morden imstande war, hatte ihm bisher niemand zugetraut.

Als Motiv gab der ungepflegt aussehende Mann an, schon seit Längerem einen Hass auf junge hübsche Frauen zu haben. Weil diese ihm jedoch nicht die gewünschte Aufmerksamkeit geschenkt hatten, verging er sich aus Rachsucht an seinen unschuldigen Opfern.

Zum Glück war der Plan des Kommissars aufgegangen. Endlich hatte man den wahren Mörder der beiden Frauen gefasst und somit nicht nur Erwin Hinrichs, sondern auch Simon Hansen von seiner Schuld befreit. Das Wichtigste an der Aufklärung des Falles war allerdings, dass man fortan keine Angst mehr zu haben brauchte, wenn es dunkel in Bismark wurde.

ANTONIUS
SINA KONGEHL-BREDDIN
FEUER
anno 1691
KRIMI

1691. Eine rätselhafte Krankheit, auch Antoniusfeuer genannt, bricht über weite Teile der Altmark herein. Zahlreiche Menschen sterben binnen kurzer Zeit.

Als die Frau des Bauern Sebastian Vogt aus Wollenhagen ebenfalls daran erkrankt, macht sich dieser auf den Weg zur Bismarker Wallfahrtskirche, um dort ein heilendes Gebet zu sprechen. Im Pilgerstrom wird Sebastian nicht nur zum unfreiwilligen Zeugen eines bedeutsamen Gesprächs, sondern beobachtet auch einen hinterhältigen Mord.

Antoniusfeuer

Es war eine Krankheit der Armen und galt als Strafe Gottes:

Wer sich am mutterkornhaltigen Getreide vergiftete, der litt am „Heiligen Feuer“ und starb häufig eines grausamen Todes.

Die „Kriebelkrankheit“, der mittelalterliche Name beinhaltet das „Kribbeln“ der Gliedmaßen, das ihr Absterben ankündigt, wurde auch „Antoniusfeuer“ genannt, da sich besonders der Orden des heiligen Antonius der Erkrankten annahm. Da die Laienbrüder, ohne Kenntnis von den wahren Ursachen zu haben, besondere Sorgfalt der Ernährung widmeten, genasen tatsächlich einige Patienten.

Todbringender Pilz

Der Schlauchpilz Claviceps purpurea sondert eine schwärzliche Dauerform ab, das „Mutterkorn“. Er heftet sich besonders gern an Roggenähren und ist kaum zu übersehen, da er wie ein Horn aus der Ähre herauswächst – aber wer nicht weiß, dass der

„Hahnensporn“ giftig ist, vermahlt ihn mit den übrigen Körnern.

Besonders gehaltvoll ist der ergotaminhaltige Pilz fatalerweise vor der Ernte: Schon fünf bis zehn Gramm des 1875 von Charles Tanret erstmals isolierten Alkaloids können für einen Menschen tödlich sein. Während sich die Reichen im Mittelalter eher von Weizen ernährten, konnten sich die ärmeren Bevölkerungsschichten lediglich den billigeren Roggen leisten. Und so traf es sie mit voller Wucht: Im Jahr 865 berichten die Geschichtsschreiber in der Umgebung von Xanten erstmals vom Auftreten einer „großen Plage“: Eine „abscheuliche Fäulnis“ suche die Menschen heim, „Gliedmaßen lösten sich ab“ und schließlich folge der Tod.

Der Ergotismus unterscheidet zwei Formen, lediglich die Anfangssymptome sind bei beiden gleich: Auf Würgereiz, Erbrechen und Kopfschmerzen folgt ein Kribbeln am ganzen Körper. Die Erkrankten leiden an Halluzinationen sowie schmerzhaften Kontraktionen an Armen und Beinen. Ein unstillbares Hunger- und Durstgefühl begleitet die Vergiftung.

Wird die Ergotamin-Zufuhr nicht unterbunden, sterben die Menschen an Muskelschwund und andauernden Krampfanfällen.

Quelle: Wikipedia

Bismark Goldene Laus

Sagen und Legenden ranken sich um den Turm der ehemaligen Wallfahrtskirche, die im Volksmund „Goldene Laus“ genannt wird, wohl aber unter dem Doppelpatrozinium „Maria-Himmelkönigin“ und zum „Hl. Kreuz“ stand. Von der ehemaligen Anlage steht nur noch das zwischen 1912-1916 restaurierte Westwerk, ursprünglich bestand das Bauwerk zudem aus Langhaus, Altarraum und Apsis. Die verschiedenen hohen Dachansätze des Langhauses an der Ostseite des Turmes lassen die einstige Größe der untergegangenen Kirche erahnen. Im vom Mystizismus behafteten Mittelalter ist die Kirche ein bedeutender Wallfahrtsort gewesen, zahlreiche Pilger suchten hier durch den Besuch eines angeblich wundertätigen und der Legende nach vom Himmel gefallenem Kreuz Vergebung und Heilung.

Quelle: Wikipedia

Antoniusfeuer

Man schrieb das Jahr 1691. Ein Schicksalsjahr, welches das Leben des Wollenhagener Bauernpaares Sebastian und Klara Vogt auf die Probe stellte.

Nach einem übermäßig nassen Winter und Frühjahr bescherte ihnen die schlechte Roggenernte im Sommer ebenfalls große Sorge.

Im Herbst machte sich erstmals wieder Hoffnung breit. Klara war in froher Erwartung eines Kindes.

Doch das Glück währte nur kurz, denn schon bald brach ein unvorhersehbares Unheil über das Dorf Wollenhagen sowie weite Teile der Altmark herein. Vor allem bei den Bauern und der einfachen Landbevölkerung breitete sich plötzlich eine rätselhafte Krankheit aus.

Während die Betroffenen anfangs über Kopfschmerzen, Übelkeit und unsagbaren Durst klagten, krümmten sie sich bereits Tage später vor Schmerzen und klagten über das Gefühl eines inneren Feuers. Und so starben sie binnen Kurzem an den Folgen von Wahnvorstellungen, Wundmalen und abfaulenden Gliedmaßen, die so schwarz waren, als wären sie zuvor verbrannt. Ein qualvoller Tod, der Mütter und Väter zu Elternlosen, Kinder zu Waisen und Frauen und Männer zu Witwen und Witwern machte. Da niemand eine Erklärung dafür hatte, war die Kirche der festen Überzeugung, dass die unzureichende Gläubigkeit der Menschen der Auslöser allen Übels war. Die einzige Möglichkeit, sich vor dem Zorn Gottes zu schützen, war ihrem Rat nach ein Gebet zum heiligen Antonius zu Eremit.

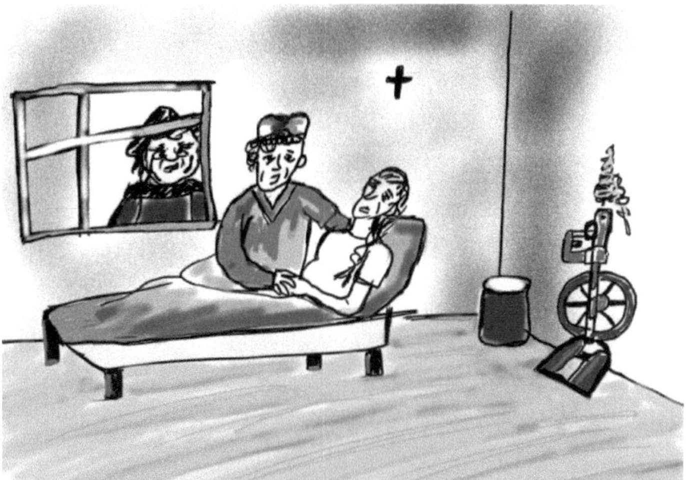

Zum Glück gab es unweit des Dorfes Wollenhagen einen Ort, an dem derartiges Gebet Wirkung zeigen sollte. Es handelte sich um die Wallfahrtskirche zu Bismark. Der Legende nach war dort vor vielen Jahren ein wundertätiges Kreuz vom Himmel gefallen, das allen Betenden nicht nur Vergebung, sondern auch Heilung versprach. Aufgrund dieses Versprechens pilgerte täglich eine Vielzahl von Menschen an den auch als „Goldene Laus“ bekannten Ort.

Nicht ahnend, dass auch Bauer Sebastian Vogt schon bald diesen Weg gehen müsse, wurde seine Frau Klara eines Morgens von heftiger Übelkeit geplagt.

Besorgt rief Sebastian einen Bader herbei, zahlte ihm zwei Gulden und betete, dass Klaras Zustand nichts Ernstes sein möge.

Nachdem der weise Mann die Bauernstube betreten hatte, untersuchte er Klara zunächst. Da sein darauffolgender Blick nicht gerade hoffnungsvoll war, bat Sebastian ihn um Klarheit.

„Was ist mit meiner Frau? Ist etwas mit dem Kind nicht in Ordnung?“, wollte er wissen.

Der alte Bader seufzte, nahm Sebastian beiseite und schenkte ihm schließlich reinen Wein ein.

„Es tut mir leid, dir sagen zu müssen, dass auch deine Frau am Antoniusfeuer leidet. Das Einzige, was du fortan tun kannst, ist Beten“, sprach der Bader.

Als Sebastian das hörte, drohte sein Herz vor Aufregung zu zerspringen. Der junge Bauer konnte nicht glauben, was der Bader ihm da soeben offenbart hatte. Warum sollte Gott eine fromme Frau wie Klara mit derartigem Unheil strafen? Hatte der Bader sich womöglich geirrt? Oder waren ihm zwei Gulden nicht genug?

Sebastian flehte den Mann an. „Sollten zwei Gulden zur Heilung meiner Frau nicht genügen, werde ich alles in meiner Macht Stehende tun, um das fehlende Geld für Euch aufzutreiben.“

Der Bader schüttelte seinen Kopf.

„Bedauere, aber es ist nicht des Geldes wegen, denn gegen das Antoniusfeuer bin selbst ich machtlos. Möge Gott euch beistehen“, sprach er, packte seine Tasche und verließ das Bauernhaus.

Nachdem der Alte fortgegangen war, trat Sebastian mit einem gequälten Lächeln an das Bett seiner Frau, um sie mit einer Notlüge zu beruhigen.

Er erzählte Klara, dass ihr Unwohlsein allein auf den Zustand ihrer Schwangerschaft zurückzuführen sei. Damit alles wieder gut werden würde, wollte er sich noch am gleichen Tag auf dem schnellsten Weg zur Wallfahrtskirche begeben, um dort ein Gebet zur Heilung zu sprechen.

Als Sebastian gegen Nachmittag aufbrach, wehte ihm ein eisiger Nordwind entgegen. Um sich vor der Kälte zu schützen, schnürte er seinen Leibrock fester und zog seine Mütze tiefer ins Gesicht. Leider blieb ihm bei seinem Weg durchs Dorf der Anblick des Elends nicht erspart. Überall lauerte Gevatter Tod. Aufgrund des überfüllten Friedhofes musste man die unzähligen Toten bereits dorfauswärts beisetzen.

Sebastian versuchte, seine Gedanken an den Tod zu verdrängen, indem er schnurstracks gen Bismark eilte.

Durch die vermeintliche Wunderheilung in der Wallfahrtskirche war der Pilgerstrom auch dieser Tage so groß, dass es auf den letzten Metern vor den Toren der Stadt nur noch schrittweise voranging. Als Sebastian die Stadt erreichte, begann es bereits zu dämmern.

Da das Antoniusfeuer auch in Bismark wütete, hatten die Mönche vor dem Eingang der Stadt ein Lazarett für die Kranken errichtet.

Als der Pilgerstrom plötzlich ins Stocken geriet, kam Sebastian direkt vor einem der Zelte zum Stehen. Ein kleiner Sehschlitz ermöglichte es ihm, dort hindurchzusehen.

Und so wurde er unfreiwillig zum Augen- und Ohrenzeugen eines Gesprächs, welches zwischen einem Bauer und einem Mönch stattfand.

Die Männer in dem Zelt ahnten nicht, dass sie beobachtet wurden.

Sebastian hörte, wie der Bauer dem Mönch von einer vermeintlichen Wunderheilung in Bezug auf das Antoniusfeuer berichtete. Wie so viele seines Standes war auch jener Bauer nicht vom Reichtum gepriesen. Vermutlich wollte er sich für sein Wissen gut belohnen lassen. Das wusste auch der Mönch, weshalb er zunächst Zweifel an dessen Aussage hatte.

„Bist du dir sicher, dass dieses Nahrungsmittel im Zusammenhang mit dem heiligen Feuer steht?“, hakte er nach.

Der Bauer, ein Mann von mittlerer Größe und mittleren Alters, nickte, bekreuzigte sich und schwor bei Gott, dass er die Wahrheit sprach.

„Als meine Familie diese Speise gemieden hat, gesundeten fast alle binnen Kurzem. Damit es auch anderen Menschen Nutzen bringen kann, habe ich es von einem Gelehrten auf diese Schriftrolle niederschreiben lassen“, berichtete er weiter.

Nachdem der stattliche Mönch mit der Tonsur kurz darüber nachgedacht hatte, konnte man sein großes Interesse an der Schriftrolle förmlich spüren.

„Nun gut, angenommen, du überlässt mir dieses Schriftstück, was verlangst du dafür als Gegenwert von mir?“, wollte er wissen.

„Ein prall gefülltes Säckchen mit Gulden wäre mir recht“, antwortete der Bauer, auf ein lohnendes Geschäft hoffend.

„Gut, abgemacht, du sollst dein Geld bekommen“, erwiderte der Mönch mit einem hinterlistigen Funkeln in seinen kleinen grauen Augen.

Im guten Glauben, dem Mönch vertrauen zu können, übergab der Bauer ihm die Schriftrolle.

Doch sobald der diese in seinen Händen hielt, zog der Mönch ein Messer aus seiner Kutte und versetzte dem Bauern damit einen gezielten Stich ins Herz.

Sebastian glaubte seinen Augen nicht zu trauen. Hatte der Mönch soeben einen Bauern getötet, weil er glaubte, sich dadurch das Vorrecht des Wissens zu sichern?

Ausgerechnet in diesem Augenblick setzte sich der Pilgerstrom wieder in Bewegung.

Der unter Schock stehende Sebastian wusste nicht, was er tun sollte.

Sollte er schweigen und damit zum Mitwisser eines hinterhältigen Mordes werden?

Andererseits war es so gut wie ausgeschlossen, einen Mann der Kirche des Mordes zu beschuldigen, ohne dabei der Ketzerei bezichtigt zu werden.

Zum Glück hatte der Mörder nicht mitbekommen, dass Sebastian ihn bei seiner Tat beobachtet hatte. So würde er ihm wenigstens nicht nachtrachten können. Dennoch befand sich die Schriftrolle nun in seinem alleinigen Besitz. Obwohl das düstere

Abendlicht nicht mehr weit blicken ließ, erkannte Sebastian den Mörder, als dieser aus dem Zelt trat und sich in alle Himmelsrichtungen umsah.

In diesem Moment kam auch ein Jüngling wie aus dem Nichts herbeigelaufen. Dieser griff dem Mönch blitzschnell in dessen Kutte und entwendete ihm die Schriftrolle.

Dabei ging alles so schnell, dass dem Bestohlenen nichts weiter übrig blieb, als tatenlos zuzusehen, wie der Junge Richtung Stadt davonlief.

Trotzdem reagierte er blitzschnell und sorgte für Ablenkung, indem er lauthals in die Menge brüllte. „Haltet den Dieb! Er hat mir eine wichtige Schriftrolle gestohlen!"

Sofort setzten sich einige getreue Männer der Kirche in Bewegung, um den Jungen zu ergreifen.

Sebastian nutzte ebenfalls die Gelegenheit. Wenn es ihm gelang, den Jungen zu fassen, hätte er zumindest eine Chance, den Namen des vermeintlich heilenden Nahrungsmittels zu erfahren.

Doch bereits hinter dem Lazarett verlor Sebastian sowohl den Jungen als auch seine Verfolger aus den Augen.

Er blieb stehen, stützte keuchend seine Arme auf die Oberschenkel und lauschte in die Dunkelheit. In der mit Fachwerkhäusern gesäumten Straße war es menschenleer und finster. Lediglich ein paar streunende Hunde und Katzen huschten als sichtbare Schatten vorbei. Die Laufschritte, die Sebastian hörte, waren jedoch weit entfernt und trotz Anstrengung nicht mehr einzuholen. Damit hatte Sebastian eine weitere Chance vertan.

Enttäuscht wollte er schon umkehren, als er in seiner unmittelbaren Nähe ein Plätschern auf den Pflastersteinen hörte. Kurz darauf folgte das Fluchen eines Jünglings. Offenbar hatte ein Anwohner den Inhalt seines Nachttopfes genau in dem Moment aus dem Fenster geschüttet, als der Junge darunter vorbeigegangen war.

Sebastian versteckte sich unter einem nahe gelegenen Torweg, um den Jungen genauer in Augenschein zu nehmen. Schnell erkannte er, dass es sich dabei um den Dieb der Schriftrolle handelte. Sein Herz klopfte aufgeregt, doch um an die gewünschte Information zu gelangen, musste er ruhig bleiben. Daher wollte er dem Jungen zunächst nur folgen und warten, bis sich eine günstige Gelegenheit ergab.

Bereits nach einigen Metern blieb der Junge auf einem brachliegenden Grundstück hinter den Häusern der Stadt stehen.

Sebastian beobachtete, wie er dort eine Luke öffnete und anschließend in ein Erdloch hinabstieg.

Nachdem er darin verschwunden war, lief Sebastian ebenfalls auf die Stelle zu. Aufgrund der Dunkelheit war die Einstiegsluke schwer zu finden, sodass der Bauer zunächst mit seinen bloßen Händen danach suchte.

Seine Hartnäckigkeit zahlte sich aus, sodass er kurz darauf in ein finsteres Erdloch schaute. Sebastian grauste es, wenn er nur daran dachte, dort hinabzusteigen. Er zögerte, dachte dann aber an seine Frau, das ungeborene Kind sowie die Schriftrolle und entschied sich schließlich, in den Tunnel zu steigen.

Genau zehn Leitersprossen tief war er hinabgestiegen, als er auf den lehmigen, kühlen Untergrund stieß. Hier unten war es nun so finster, dass er nicht einmal mehr seine Hand vor Augen erkennen konnte. Wollte Sebastian dem Weg folgen, würde er sich Stück für Stück an den Wänden des etwa mannshohen Tunnels vorantasten müssen.

Der junge Bauer wollte sich gerade in Bewegung setzen, als ihn plötzlich jemand von hinten mit festem Griff bei der Kehle packte und die kalte Klinge eines Messers an seinem Hals drückte.

„Wer bist du und was hast du hier unten zu suchen?“, hauchte ihm nun eine tiefe Männerstimme fragend ins Genick.

Der angsterfüllte Bauer rang röchelnd nach einer Erklärung. „Ich, ich wollte ...“, stotterte er gerade, als ihn das aufflackernde Licht einer brennenden Fackel vorerst gänzlich wieder zum Schweigen brachte. Sebastian erblickte drei halbwüchsige Jungen. Einer davon war unverkennbar der Dieb der Schriftrolle.

In diesem Augenblick lockerte auch der Mann hinter Sebastian seinen Griff, bevor er ihn grob zu Boden stieß.

Nachdem Sebastian sich kurzerhand wieder aufgerappelt hatte, sah er, dass es sich bei seinem Peiniger um einen großen Mann mittleren Alters handelte. Der Anblick seines durch Narben und Brandmarkung entstellten Gesichtes war furchteinflößend.

„Du hast mir immer noch nicht auf meine Frage geantwortet", brüllte der Mann, wobei er ungeduldig mit dem Messer vor Sebastians Gesicht herumfuchtelte.

Der Bauer spürte, dass er dringend reden musste, wenn ihm sein Leben lieb war.

„Ich bin ein einfacher Bauer und komme aus dem unweit gelegenen Dorf Wollenhagen. Mein Name ist Sebastian Vogt. Eigentlich bin ich mit der Absicht nach Bismark gekommen, in der Wallfahrtskirche ein Gebet für meine am Antoniusfeuer leidende Frau zu sprechen. Dann wurde ich jedoch unfreiwillig zum Zeugen eines Mordes sowie des Diebstahls einer bedeutsamen Schriftrolle. Letztere hat der Junge dort drüben dem mörderischen Mönch gestohlen. Um zu wissen, was darauf geschrieben steht, bin ich dem Jungen gefolgt. Möglicherweise kann diese Information meiner Frau sowie vielen anderen Leidenden helfen“, antwortete er, indem sein Finger auf den zuvor von ihm Benannten zeigte.

Der Mann mit dem entstellten Gesicht winkte den Jungen mit dem dunklen Lockenkopf herbei.

„Stimmt das, was der Bauer da erzählt? Hast du diesem Mönch eine Schriftrolle gestohlen?“, stellte er ihn zur Rede.

Der Junge nickte zustimmend, zog das Diebesgut aus seinem schmutzigen Leibrock und übergab es dem Mann ohne Widerrede.

Als dieser einen flüchtigen Blick auf das Geschriebene warf, reckte Sebastian neugierig seinen Hals. Der weder schreib- noch lesebewanderte Bauer erkannte lediglich eine unter der Schrift aufgemalte Kornähre.

Sollte diese etwa das beschriebene Übel jener Krankheit sein?

Sebastian wollte den Mann gerade danach befragen, doch dieser hatte bereits das Wort ergriffen, um ihm etwas über den Mönch zu erzählen.

„Ich denke, ich weiß, von welchem Mönch du sprichst. Es ist Bruder Daniel“, sagte er. „Er wird den Jungen gnadenlos verfolgen, um ihn für seine Sünden büßen zu lassen, so, wie er es einst mit mir getan hat.“

Um Sebastian die Boshaftigkeit des Mönches zu verdeutlichen, fuhr er sich mit der Messerklinge über sein narbiges Gesicht.

„Bevor man mich verstümmelte, war ich einst ein angesehener Mann in Bismark, arbeitete als Kämmerer für den Antoniterorden. Dann kam der Tag, an dem mich Bruder Daniel des Diebstahls bezichtigte, obwohl er es war, der in die Ordenskasse gegriffen hatte. Nach seinen Anschuldigungen hat er mich foltern lassen, bis ich aus meiner Not heraus gestand, schuldig zu sein. Von da an war ich ein Geächteter, von der Gesellschaft verstoßen und von der Bevölkerung verspottet. Um mein Überleben zu sichern, wurde ich schließlich zum Anführer dieser

Diebesbande von Waisenkindern. Hier unten, in dem verlassenen Tunnel, haben wir uns einen geheimen Rückzugsort erschaffen. Hier schlafen und lagern wir unser Diebesgut, bevor wir es anschließend gewinnbringend verkaufen.“

Nach seiner Beichte wirkte der Mann plötzlich weitaus weniger gefährlich und reichte Sebastian sogar verbrüdernd die Hand.

„Ich heiße übrigens Ansgar von der Weiden. Wenn wir es geschickt anstellen, könnte diese Schriftrolle die Rettung unser aller Probleme sein“, spekulierte er. „Mit dem darauf verfassten Wissen könnten wir nicht nur das Leben vieler am Antoniusfeuer Leidener, sondern auch das unsere retten.“

Sebastian wollte gerade zur erneuten Nachfrage wegen der aufgemalten Kornähre ansetzen, als sich unweit des Tunnels unerwartet Geräusche von Stimmen näherten.

„Das werden der Mönch und seine Gesandten sein“, rief Ansgar mit vor Schrecken geweiteten Augen. „Los, Jungs, schließt die Einstiegsluke und ab durch den Tunnel, Richtung Wallfahrtskirche.“

„Ansgar, was hast du vor?“, rief Sebastian dem Anführer der Diebesbande nun stattdessen zu.

„Vertrau mir und folge uns!“, lautete dessen Antwort.

Da ihm keine Zeit zum Nachdenken blieb, ließ Sebastian sich darauf ein.

Nach etwa einer halben Meile, inmitten eines Kräutergartens, endete der Tunnel kurz vor der Wallfahrtskirche. Flink krabbelten die Flüchtenden hinauf. Doch die Verfolger hatten sie längst entdeckt, woraufhin sie mit lautem Gebrüll, Fackeln und zahlreichen Gerätschaften hinter ihnen her stürmten.

„Na los, macht schon, schneller, vorwärts!“, machte Ansgar seiner Truppe Beine, bevor sie sich rasch ins Getümmel der Pilger mischten. Hier fanden sie zumindest kurzzeitig Schutz. Die prächtige Erscheinung der aus Felssteinen erbauten Wallfahrtskirche hatte jeden der hier anwesenden Pilger bereits in ihren Bann gezogen.

Der größte Teil, egal, welchen Alters und Geschlechts, kniete mit gefalteten Händen vor dem ehrwürdigen Gemäuer, bekreuzigte sich und sprach Gebete in der Hoffnung auf Besserung. Auch rings um die mit Fackeln erleuchtete Kirche drängten sich die Pilger, darunter viele Erkrankte. Bei einigen hatte das Antoniusfeuer sogar Besitz von ihren geistigen Kräften ergriffen. So auch bei einem jungen Mann, der vor dem Eingang der Kirche hockte und wirres Zeug über fliegende Schafe, Hexen und Dämonen faselte. Dazu machte er Bewegungen, dass man meinte, der Leibhaftige persönlich wäre in seinen Körper gefahren.

Gefesselt vom Anblick des Leidenden übersah Ansgar von der Weiden einen von links kommenden Angreifer.

„Ansgar, Vorsicht von links!“, brüllte Sebastian. Durch seine Warnung konnte Ansgar zwar noch rechtzeitig dem scharfen Rechen des Angreifers ausweichen, doch zur Flucht genügte es nicht mehr. Ansgar saß in der Falle. Dadurch blieb Sebastian und den Jungen nichts weiter übrig, als ihm hilflos dabei zuzusehen.

„Sieh an, sieh an, wen haben wir denn da?“, rief Bruder Daniel, als er mit klatschenden Händen an den Umzingelten herantrat.

„Ansgar von der Weiden, vom einst gewöhnlichen Dieb zum Anführer einer Diebesbande. Was für ein Aufstieg“, spottete er.

„Ich bin kein Dieb und das wisst Ihr ebenso gut wie ich. Allein Eure Anschuldigungen haben mich zu dem Mann gemacht, der ich heute bin“, wehrte sich der Beschuldigte.

Bruder Daniel ließ sich jedoch davon nicht beirren, schließlich wollte er zurückhaben, was ihm gestohlen wurde.

„Wer soll dir das glauben, Ansgar?“, lachte der Mönch erhaben.

Inzwischen hatte die Unterhaltung auch die Aufmerksamkeit der meisten Pilger erregt, welche gespannt zuhörten.

„Gib mir sofort die Schriftrolle, die mir einer deiner Jungen gestohlen hat, zurück!“, brüllte Bruder Daniel zornig. Der Forderung Nachdruck verleihend, rückten seine bewaffneten Männer näher an Ansgar heran. Um zu verhindern, dass Daniel ihm und den Jungen jederzeit Gewalt antun würde, musste er seinen Plan in die Tat umsetzen.

Daher forderte er die Pilger dazu auf, ihm zuzuhören.

„Liebe Brüder und Schwestern, mein Name ist Ansgar von der Weiden. Ich war einst Kämmerer des Antoniterordens und angesehener Bürger der Stadt. Bis zu dem Tag, an dem Bruder Daniel mich zu Unrecht des Diebstahls bezichtigt hat. Die Folter, welcher ich daraufhin ausgesetzt war, entstellte nicht nur mein Gesicht, sondern nahm mir auch meine Ehre."

Ein Raunen des Entsetzens ging durch die Menge.

Niemand schien glauben zu wollen, dass ein ehrwürdiger Mönch derartige Hinterhältigkeit besitzen würde.

„Was gibt Euch das Recht, Bruder Daniels Würde infrage zu stellen?", rief ein Pilger aus der Menge.

Der auf seine Glaubwürdigkeit vertrauende Mönch gab sich jedoch gelassen. „Aber nein, lasst den Mann nur reden. Es sollen ruhig alle hören, welche Dreistigkeit dieser Dieb besitzt", sprach er.

Obwohl gegen die gewichtigen Worte des Mönches schwer anzukommen war, ließ Ansgar sich nicht beirren.

Durch das Verlesen der Schriftrolle würde er den Mörder nicht nur um den alleinigen Ruhm, sondern im besten Fall auch zum Schweigen bringen.

Er musste es zumindest versuchen, weshalb er hastig das Schriftstück aus seiner Tasche zog und für alle sichtbar in die Luft hielt.

„Was glaubt ihr wohl, weshalb die Schriftrolle für den Mönch so wichtig ist?“, rief er den versammelten Pilgern entgegen. Diese schüttelten ahnungslos die Köpfe, woraufhin Ansgar ihnen prompt die Erklärung lieferte.

„Auf dieser Schriftrolle hier wird nämlich eine Heilungsmethode für das

Antoniusfeuer beschrieben. Sie stammt von einem jungen Bauern, der diese im Sinne für die Allgemeinheit extra von einem Gelehrten niederschreiben ließ. Die Methode warnt strengstens vor dem Verzehr von Roggenbrot. Wer stattdessen nur Weizenbrot und Fleisch isst, wird schon bald vom heiligen Feuer genesen“, verkündete er. Erneutes Raunen ging durch die Menge, diesmal jedoch vor Erstaunen und Freude.

Auch Sebastians Herz klopfte nun vor Aufregung. Der Zusammenhang mit dem Roggenbrot erklärte auch Klaras plötzliches Unwohlsein. Aufgrund ihrer Schwangerschaft hatte sie in den letzten Wochen sogar die doppelte Ration als üblich verspeist.

Während die Bevölkerung ebenfalls von einem Freudentaumel erfasst worden war, wurde Bruder Daniel wie erwartet kleinlaut. Nach einer derart erfreulichen Nachricht war es schwer für den Mönch, Ansgar oder einen seiner Jungen vor den Augen der Menschenmenge verhaften zu lassen. Darum gab er seinen Männern zu verstehen, dass sie ihre Waffen niederlegen sollen. Nichtsahnend, dass er im nächsten Augenblick auch für die Sünden seines von ihm begangenen

Mordes bestraft werden würde, wollte Bruder Daniel den Wallfahrtsort klammheimlich verlassen. In diesem Moment kam der halluzinierende Pilger wie der Leibhaftige auf den Mönch zugerannt. In seinem Wahn rüttelte und schlug er den Mönch zunächst heftig ins Gesicht, dann gegen seine Brust und auf den Rücken. Im Anschluss schleuderte er ihn so heftig hin und her, dass der Mönch mit dem Kopf auf einen Stein aufschlug und sofort tot war. Ein Aufschrei war unter den Pilgern zu vernehmen. Für Sebastian war es allerdings nur die gerechte Strafe Gottes.

Sina Kongehl-Breddin
Morasti
DAS UNGEHEUER VOM ARENDSEE
EIN SEE-KRIMI

Arendsee 1685. Ein Jahr des Schreckens. Erst versinkt die Arendseer Mühle nach einem plötzlichen Seefall und dann geschieht auch noch ein grausamer Mord.

Panik geht um, da der ermordete Fischer Hiddo Blank kurz vor seinem Tod ein Ungeheuer auf dem See gesichtet haben will. Doch entspricht dies der Wahrheit?

Die versunkene Mühle zu Arendsee

Vor sehr vielen Jahren stand dicht am See eine Mühle, in der der Müller Arend mit seiner Frau lebte. Der Müller war beliebt im ganzen alten Märker Land, denn er war fleißig und klug und half den Menschen, wo er nur konnte. Er hatte sich in jungen Jahren viele Kenntnisse erworben und konnte deswegen den Menschen in Nöten und bei Krankheiten helfend zur Seite stehen.

Eines Tages zog ein schweres Unwetter auf, der See war aufgewühlt, Wellen türmten sich, Donner grollte, Blitze zuckten, der Sturm heulte und die Mühle ächzte unter der Last des Unwetters. Von Ferne nahte ein Knabe mit schnellen Schritten auf die Mühle zu und rief den Müller um Hilfe für seine kranke Schwester. Aus Menschenliebe verließ der Müller seine im Sturm schwankende Mühle, um dem Mädchen zu helfen. Seine Frau folgte ihm mit einem Körbchen voller Kräuter. Kaum waren sie ein paar Schritte von der Mühle entfernt, krachte diese, unter dem Getöse von Blitz und Donner, in den riesigen und dunklen Schlund des Sees.

Bleich und voller Entsetzen rief die Müllersfrau: „Arend, seh!“

Einen Augenblick später war der See beruhigt, die Abendsonne blinzelte durch die Wolken und es war still. Der Knabe, der den Müller und seine Frau aus der Mühle fortgelockt hatte, verschwand in dem Augenblick, als die Mühle in den See gesunken war, und niemand hat ihn jemals wieder gesehen. Es war auch keiner aus dem Dorf erkrankt, niemand kannte den Knaben oder seine Schwester.

Arend zog nun ins Dorf zu seinen Freunden und aus dem Dorf wurde bald ein Städtchen, genau so, wie man es noch heute vorfindet.

Quelle: Wikipedia

Morasti – das Ungeheuer vom Arendsee

Man schrieb den August des Jahres 1685. Zwei Monate waren seit dem Untergang der Mühle vergangen, als das Auftauchen eines vermeintlichen Seeungeheuers die Einwohner von Arendsee in Angst und Schrecken versetzte.

Das Monstrum, angeblich so hoch und breit wie zwei Fischerboote, war bislang nur von einem Einzigen, dem Fischer Hiddo Blank gesehen und beschrieben worden. Doch dieser weilte seit dem Morgengrauen nicht mehr unter den Lebenden.

Sein Weib hatte ihn mit aufgeschlitztem Wams und einem völlig entstellten Gesicht unweit seines Anlegers gefunden. Der Anblick seines verstümmelten Leichnams hatte sie in einen Schockzustand versetzt, sodass sie seither kein einziges Wort mehr gesprochen hatte. Jeglicher Versuch, ihr gut zuzureden, scheiterte kläglich.

Um die Arendseer nicht noch mehr zu verunsichern, ordnete der Bürgermeister der Stadt eine äußerst genaue Untersuchung des Leichnams an, welche leider kein beruhigendes Ergebnis erbrachte.

Anhand der grausamen Verstümmelungen, welche man dem Fischer zugefügt hatte, ging man davon aus, dass diese keinesfalls von menschlicher Hand herrühren konnten.

Schnell machte das Gerücht eines Seeungeheuers die Runde.

Neben der Suche nach dem Mordmotiv spekulierte man auch, ob zwischen dem Einsturz der Mühle und dem plötzlichen Auftauchen des vermeintlichen Seeungeheuers womöglich ein Zusammenhang bestehen könnte.

Falls dem so war, blieb dennoch fraglich, ob die Arendseer in Zukunft mit weiteren Grausamkeiten zu rechnen hatten.

Als es zwei Wochen später eine weitere Tote zu beklagen gab, breitete sich Panik unter der Bevölkerung aus.

Es handelte sich bei dem Mordopfer um die erst siebzehnjährige Tochter des Arendseer Bäckermeisters Schmidt. Johanna, die junge Frau mit den langen roten Haaren, war ebenfalls mit grausamsten Verletzungen am Ufer des Sees aufgefunden worden. Diesmal lag der Fundort jedoch ganz in der Nähe der versunkenen Mühle, am südlichen Ufer des Sees. Der Bäckermeister und seine Frau machten sich schreckliche Vorwürfe, da sie ihre Tochter am gestrigen Abend allein hinunter zum See gehen ließen.

Anders als bei dem vorherigen Mord gab es nun jedoch einen Zeugen, dessen Aussage die Lage noch verschlimmerte. Der Mann wollte am besagten Tatabend an gegebener Stelle ein Blubbern und Stöhnen im Morast vernommen haben. Diese Aussage gab dem vermeintlichen Seeungeheuer somit den Namen Morasti. Ebenfalls veranlasste der Bürgermeister das sofortige Verbot, welches allen Bürgern bis auf Weiteres den Aufenthalt am See untersagte.

Indes sollte sich eine Bürgerwehr rund um den See postieren, damit das Monstrum so schnell wie möglich aufgespürt, gejagt und erlegt werden konnte. Zu einer der Freiwilligen gehörte auch Peter Schmidt, der neunzehnjährige Bruder des jüngsten Opfers. Peter konnte den Verlust seiner Schwester nur schwer verkraften, weshalb er das Monstrum um jeden Preis erlegen wollte.

Daher postierte er sich zusammen mit drei weiteren Männern in unmittelbarer Nähe von Johannas Fundstelle.

Ausgerüstet mit Öllampen, Netzen und Pistolen legten sich die Männer in kleineren Abständen auf die Lauer und wachten sechs Abende und Nächte lang, leider ohne Erfolg.

Erst am darauffolgenden Abend, an dem ein furchtbarer Sturm tobte, kam Bewegung ins Spiel. Der böige Wind schlug mächtige Wellen und düstere Wolken verdeckten den Mond. Die Öllampen der Männer waren bereits erloschen, sodass ihre Sicht auf ein

Minimum reduziert wurde. Trotzdem harrten sie tapfer aus und hielten weiterhin Wache.

Peter, der inzwischen hinter einem alten Weidenstumpf etwas Windschutz gefunden hatte, erblickte plötzlich im aufgewühlten Wasser, unweit des Ufers, einen reißenden Strudel. Diesem folgte eine meterhohe dunkle Welle, aus der sich, wie aus dem Nichts, ein undefinierbares dunkles Etwas erhob. Der junge Mann hörte zudem ein kurzes wiederholtes Geräusch, welches dem vom Zeugen beschriebenen Blubbern und Stöhnen ähnelte. Die Dunkelheit machte es allerdings unmöglich, Genaueres zu erkennen. Handelte es sich bei dem, was Peter sah, etwa um das besagte Seeungeheuer namens Morasti, jenes Monstrum, das vermutlich den Fischer Hiddo Blank und seine Schwester Johanna getötet hatte?

Peter geriet zunächst in Versuchung, die nahe liegenden Wachposten herbeizurufen. Als er jedoch darüber nachdachte, glaubte er, dass sein lautes Rufen das Monstrum vermutlich nur erschrecken würde, woraufhin er selbst zu handeln beschloss.

So zückte er seine Pistole, hielt diese fest mit beiden Händen und versuchte, auf das große dunkle Etwas im See zu zielen. Die schlechte Sicht und der starke Wellengang erschwerten sein Vorhaben jedoch immens. Letztlich gab Peter auf gut Glück drei blitzende und donnernde Schüsse in die dunkle Nacht ab. Keiner seiner Schüsse traf das sogenannte Ungeheuer, sodass Morasti unverletzt blieb, bevor es genauso schnell wieder im See verschwand, wie es aufgetaucht war.

Wütend und fluchend riss Peter seine Mütze vom Kopf.

Der Knall seiner abgefeuerten Schüsse hatte jetzt die beiden Männer auf den nahe gelegenen Posten alarmiert, woraufhin sie eiligen Schrittes auf Peter zugelaufen kamen.

„Was ist passiert? Hast du das Seeungeheuer gesehen?“, brüllten sie besorgt gegen den Sturm an. Peter nickte, bevor er seine Beobachtungen in Worte fasste.

„Ich denke, ja. Es ist tatsächlich so groß wie zwei Fischerboote und scheint unverwundbar zu sein. Ein wahres Ungeheuer eben.“

Die Männer hörten Peter gespannt zu. In ihrer Aufregung bemerkten sie zunächst nicht, dass ein am südlichen Ufer postierter Wachmann fehlte. Erst als Peter diesen um neue Munition für seine Pistole bitten wollte, fiel ihm dessen Abwesenheit bewusst auf.

„Wo ist Joachim Mewes?“, rief er in die Runde. Der Gesuchte arbeitete als Schmied im Ort. Im Gegensatz zu den drei Junggesellen war der kräftig gebaute Kerl mit den breiten Schultern verheiratet und bereits Vater von drei Söhnen.

Die Gefragten zuckten unwissend mit den Schultern, bevor sich einer von ihnen zu Wort meldete.

„Vielleicht hat Joachim aufgrund des lauten Windes den Knall deiner Schüsse nicht gehört und befindet sich nach wie vor auf seinem Posten?“

Obwohl die Erklärung glaubhaft klang, hatte Peter ein ungutes Gefühl, weshalb er vorschlug, Joachim suchen zu gehen. Bevor auch die anderen zwei zustimmten, hatte der eine von ihnen noch eine wichtige Frage.

„Was, wenn das Ungeheuer währenddessen noch einmal auftaucht?“, fragte er.

Peter schüttelte seinen Kopf.

„Ich denke nicht, dass das Ungeheuer sich heute noch einmal blicken lässt. Und selbst wenn, bräuchten wir nicht nur besseres Wetter, sondern auch Verstärkung, um es zur Strecke zu bringen."

Peter hatte recht. Bei diesem Sturm war die Aussicht auf Erfolg denkbar schlecht. Daher begaben sich die drei zunächst eilig auf die Suche nach dem Verlorengegangenen.

Zu allem Übel zog jetzt auch noch ein Gewitter auf und verschärfte die Lage zusehends. Obwohl die Männer alles gründlich durchsuchten, blieb der Schmied spurlos verschwunden.

Peters ungutes Gefühl hatte ihn also nicht getrogen. Nun blieb nur zu hoffen, dass nicht auch Joachim in die Fänge des Seeungeheuers geraten war.

Durch den Sturm war das Gewitter inzwischen rasend schnell herangezogen.

Grelle Blitze zuckten über den See und bargen höchste Gefahr. Da sie Joachim immer noch nicht aufgefunden hatten, beschlossen die Männer, ihre Suche am See aufzugeben und auf ihrem Heimweg bei Joachim vorbeizuschauen. Vielleicht wäre er ja bereits zu Hause. Erfreulicherweise war der Gesuchte tatsächlich dort. Wie unschwer zu erkennen war, hatte sich der Schmied eine üble Fleischwunde am linken Unterarm zugezogen.

„Es tut mir leid, dass ihr euch Sorgen um mich machen musstet. Aber ich wurde während des Sturms von einem heruntergefallenen Ast getroffen. Die Verletzung gab mir Anlass, so schnell wie möglich nach Hause zu laufen, um die Wunde zu versorgen. Als Schmied, welcher auf seine Hände Arbeit angewiesen ist, kann ich schließlich kein Risiko eingehen“, lautete seine Begründung.

Die Männer, insbesondere Peter, zeigten Verständnis für seine Entscheidung und waren froh, dass Joachim nicht noch etwas Schlimmeres zugestoßen war.

„Gleich morgen früh werden wir beim Bürgermeister um Verstärkung bitten“, erklärte Peter, nachdem er auch den Schmied von seiner Begegnung und den verfehlten Schüssen auf das Monstrum erzählt hatte. Joachim, der anbot, die Männer dabei unterstützen zu wollen, wurde jedoch schnell von ihnen zur Vernunft gebracht.

„Bleib du nur bei deinem Weib und den Kindern, kuriere dich aus, damit du recht bald wieder gesund wirst.“

Schließlich ließ der Verletzte Einsicht walten und verabschiedete die Männer bis auf bald.

Als Peter und die zwei Wachposten wie abgesprochen am darauffolgenden Morgen in der Amtsstube des Bürgermeisters eintrafen, hatte sich zwar das Wetter gebessert, aber die Lage blieb nach wie vor angespannt. Ein junger Schustergeselle beklagte gerade das Verschwinden seiner Frau. In seiner Not hatte er keinen anderen Rat gewusst, als den Bürgermeister um Hilfe zu bitten.

„Luise wollte gestern Abend nur kurz nach ihrer kranken Mutter sehen, welche keine halbe Meile von uns entfernt in einem Häuschen unten am See wohnt“, sagte er, bevor er im Anschluss einen furchtbaren Verdacht aussprach. „Was, wenn dieses schreckliche Seeungeheuer auch meinem Weib etwas angetan hat? Ich bitte Euch, Herr Bürgermeister, unternehmt dringend etwas, damit dieses Ungeheuer so schnell wie möglich getötet wird“, bettelte er mit weinerlicher Stimme.

„Darum wollten auch wir Euch bitten“, fiel Peter den Gesellen bei der Gelegenheit gleich ins Wort. Um seiner Bitte Ausdruck zu verleihen, berichtete er von den gestrigen Vorkommnissen am See.

Der stattliche Bürgermeister mit Dienstrobe und schwerer Amtskette dachte einen Augenblick darüber nach, bevor er letztlich eine Entscheidung traf.

„Ihr sollt jede erdenkliche Verstärkung bekommen“, versicherte er mit gewichtiger Stimme. Danach wandte er sich dem Schustergesellen zu und sprach: „Dasselbe gilt auch für die Suche nach deiner Frau.“

Und so ließ er noch am gleichen Tag seinen Worten Taten folgen, indem er nicht nur selbst seine Hilfe anbot, sondern auch weitere Männer aus Arendsee und Umgebung dazu aufrief. Die Hilfsbereitschaft der Leute war überwältigend.

Nach zwei Morden und einer Vermissten wollte man das Übel nun endlich gemeinsam bei der Wurzel packen. Und so teilte man die Freiwilligen in zwei Gruppen auf. Während sich die eine Truppe mit Netzen, Seilen und Waffen rings um den See postierte, suchte die andere Truppe das Ufer nach der Vermissten ab. Indes machten sie sich Gedanken, ob das Ungeheuer heute Abend womöglich erneut auftauchen würde.

Gedanken, die kurz darauf durch ein Blubbern an einer sich unweit im See befindlichen Stelle unterbrochen wurden. Diesem Blubbern folgte nunmehr ein leises Ächzen, das sich wie ein Stöhnen anhörte, lauter, als Peter es am Abend zuvor vernommen hatte. Und dann erhob es sich abermals das mächtige dunkle Etwas. Ganz langsam, Stück für Stück.

„Haltet euch bereit, Männer! Es geht los, Morasti taucht auf!“, schrie Peter in heller Aufregung.

Die Männer zückten ihre Waffen.

„Da ist das Ungeheuer!“, rief Peter, dessen Worte die Männer sowohl als Startsignal ansahen, woraufhin sie ohne zu zögern auf das dunkle Etwas im See feuerten.

Doch das Ungeheuer war so zäh, dass ihm selbst die unzähligen Schüsse nichts anhaben konnten.

In jenem Augenblick trat der Mond aus dem düsteren Wolkenschatten und sorgte für beste Sichtverhältnisse. Diese ließen sofort erste Zweifel in Bezug des Ungeheuers aufkommen.

„Glaubt ihr immer noch, dass wir es hier mit einem Seeungeheuer zu tun haben?“, bemerkte einer der Wachposten.

„Abgesehen davon, dass es nur wie ein großer dunkler Klumpen ausschaut, ist es zudem unverwundbar, was für ein Lebewesen doch sehr ungewöhnlich ist.“

Der Zweifel ließ auch die anderen stutzig werden, woraufhin Peter vorschlug, sich dem rätselhaften Etwas im Ruderboot zur genaueren Erkundung zu nähern. Gesagt, getan.

Als Peter und zwei weitere Männer in das Boot stiegen, gaben ihnen die am Ufer verbliebenen Wachposten währenddessen Feuerschutz.

Als sie bis auf die Hälfte herangerudert waren, erkannten sie es deutlich. Bei dem aus dem See ragenden Etwas handelte es sich keinesfalls um ein Ungeheuer, sondern um die aus dem Wasser ragenden Teile der versunkenen Mühle.

Die See hatte sich nach dem großen Seefall anscheinend noch immer nicht beruhigt, wodurch die auf den Grund gesunkenen Mühlenteile hin und wieder aus dem Wasser ragten und an die Oberfläche kamen.

„Somit können wir wohl die Vermutung eines mordenden Seeungeheuers begraben“, bemerkte Peter, der zugleich eine schlimme Vorahnung beschlich.

Waren die Morde an Hiddo Blank und Johanna womöglich das Werk eines menschlichen Täters? Nur wer aus Arendsee und Umgebung wäre zu derartigen Grausamkeiten fähig? Und wo war Luise, die vermisste Frau des Schustergesellen?

Mit diesen quälenden Fragen ruderten die Männer zurück zum Ufer.

Sie stiegen gerade aus dem Boot, als auch der Suchtrupp zurückkehrte und schlechte Nachrichten mitbrachte.

Entgegen jeder Hoffnung hatte man auch die vermisste Frau des Schustergesellen tot aufgefunden. Ihren Verletzungen nach zu urteilen, war auch sie ermordet worden.

„Wir fanden die Tote im Gebüsch des Ufers“, teilte der Rädelsführer mit. Die Botschaft löste sofortige Betroffenheit unter den Unwissenden aus.

„Im Gegensatz zu den anderen beiden Mordopfern wurde Johanna vermutlich erwürgt“, ergänzte der Rädelsführer.

Die Mitteilung, welche sich so rasant wie ein Lauffeuer in Arendsee verbreitete, warf zugleich neue Fragen auf, zumal man sich jetzt sicher war, dass es nie ein Seeungeheuer gegeben hatte. Morasti war eine Legende und der wahre Täter ein Mensch, der noch immer unentdeckt umherlief.

In den folgenden Tagen begannen die Leute heftig zu spekulieren. Letztlich schlossen einige Anhänger der düsteren Vergangenheit selbst den Gedanken der Hexerei nicht aus. Doch zum Glück fand diese Theorie aus früheren Tagen nur noch wenige Anhänger. Dennoch wurde man mit jedem weiteren Tag scharfsinniger und schon bald kam der Verdacht auf, dass der kräftig gebaute Schmied Joachim Mewes der gesuchte Mörder sein könnte. Immerhin hatte er an jenem Abend, als die Frau des Schustergesellen verschwand, seinen Wachposten ungesehen verlassen. Was hatte Joachim zu dem besagten Zeitpunkt gemacht?

Die Aussage, dass seine Armverletzung von einem heruntergefallenen Ast herrührte, warf plötzlich Fragen auf.

Darum veranlasste der Bürgermeister, den Verdächtigen umgehend aufzusuchen und in der Amtsstube zur Rede zu stellen. Gegen Mittag entsandte er dafür zwei seiner Männer, die Joachim Mewes bei ihrer Ankunft in seiner Schmiede antrafen.

„Seid ihr verrückt geworden? Wie könnt ihr nur glauben, dass ich jemanden etwas antun könnte, geschweige so etwas Grausames?“, wehrte er sich gegen den Vorwurf.

Die Männer rieten dem Schmied, sich zu beruhigen. „Spar dir deine Kraft, um unseren Bürgermeister von deiner Unschuld zu überzeugen“, sprachen sie, griffen ihm derb unter die Arme und schleiften ihn unsanft zur Tür hinaus.

Der anschließende Weg zur Amtsstube glich einem Spießrutenlauf, zumal er sie am belebten Marktplatz von Arendsee vorbeiführte. Man konnte sich vorstellen, welchen misstrauischen Blicken Joachim Mewes dabei ausgesetzt war. Während der größte Teil hinter vorgehaltener Hand über ihn redete, riefen sie ihm andere unschöne Dinge hinterher.

Selbst bei der darauffolgenden Befragung in der Amtsstube blieb ihm kein Vorwurf erspart, da der Bürgermeister ihn mit seinen Fragen gewaltig in die Mangel nahm. Der Schmied war so aufgeregt, dass er sich bei der Beantwortung der Fragen immer mehr in Ungereimtheiten verstrickte. Nach mehreren Verhörstunden wusste er sich schließlich keinen anderen Ausweg mehr, als den Mord an Hiddo Blank, Johanna Schmidt und Luise Petermann zu gestehen.

Somit wurde der Geständige bereits am nächsten Tag zum Tod durch Enthauptung verurteilt und in den städtischen Kerker geworfen. Das Urteil selbst sollte in drei Tagen nach Sonnenaufgang vollstreckt werden.

Durch die Festnahme des mutmaßlichen Mörders kehrte somit vorerst wieder etwas Ruhe in den kleinen Ort ein.

Am Tag der Hinrichtung regnete es in Strömen. Der Schmied hatte bereits mit seinem Leben abgeschlossen, als man ihn aus dem Kerker holte, auf einen Karren lud und zum Scharfrichter fuhr. Gefesselt an Armen und Beinen, lediglich mit einem derben Leinenhemd bekleidet, ging es abermals Richtung Marktplatz.

Dort herrschte trotz der frühen Morgenstunden dichtes Gedränge. Wie es aussah, hatte sich dort die ganze Stadt versammelt und wartete auf die öffentliche Vollstreckung.

Der Bürgermeister, des Fischers verstummte Frau, Peter, dessen Eltern, der Schustergeselle, die Männer der Bürgerwehr sowie das Weib des Verurteilten mit den drei gemeinsamen Söhnen standen in der vorderen Reihe, als der Schmied aus dem Karren gezerrt und die hölzerne Treppe zum Richtblock hinaufgeführt wurde. Das dabei einsetzende Flehen seines Weibes war so ohrenbetäubend, dass der Bürgermeister sie erst zum Stillschweigen ermahnen musste, um den Angeklagten nach seinem letzten Wunsch zu fragen. Er forderte ihn auf, diesen laut und deutlich kundzutun.

„Mittels meines Todes soll meine Familie von jeglicher Schande befreit werden“, antwortete der Schmied. Der Bürgermeister gewährte ihm diesen letzten Wunsch, woraufhin er dem Scharfrichter ein Zeichen zur Vollstreckung des Urteils gab. Auf dem Marktplatz herrschte angespannte Stille. Einem jeden schien der Atem zu stocken, als Joachim seinen Kopf auf den Richtblock legte und der Scharfrichter das Schwert anhob. Da geschah jedoch etwas Unerwartetes. Etwas, womit niemand gerechnet hatte. Vor allem der Verurteilte nicht.

Die bis zu diesem Tag verstummte Fischersfrau sorgte plötzlich mit einem unerwartet lauten Zwischenruf für Erstaunen.

„Haltet ein!“, flehte sie mit zusammengefalteten Händen. Folglich hatte sie seit beinahe einem Monat zum ersten Mal wieder ein Wort gesprochen.

Irritiert ließ der Scharfrichter vorerst sein Schwert sinken und warf dem Bürgermeister einen fragenden Blick zu. Doch der war offenbar ebenso verblüff und nicht im Stande, darauf zu reagieren.

„Joachim ist unschuldig, er hat meinen Mann nicht ermordet!“, fuhr das Weib nun fort.

Während die Frau des Schmieds vor Erleichterung drei Kreuze machte, wollten die Einwohner zunächst nicht glauben, was sie da hörten.

„Aber Joachim Mewes wurde verurteilt, weil er alle drei Morde gestanden hat“, erinnerte der Bürgermeister.

Das Weib ließ sich aber nicht abbringen, redete weiter fort. „Dann hat Joachim Mewes ein falsches Geständnis abgelegt, denn ich habe an jenem besagten Morgen den wahren Mörder gesehen und das war mit Sicherheit nicht der Schmied“, entgegnete sie.

Der Bürgermeister wandte sich an Joachim. „Joachim Mewes, Bürger von Arendsee, ich frage dich, hast du gelogen, als du gestanden hast, der Mörder aller zu beklagenden Opfer zu sein?“

Der Befragte nickte heftig, bevor er eine überraschende Antwort lieferte. „Ja, das habe ich“, lauteten seine Worte.

Nun waren die Einwohner von Arendsee völlig durcheinander, tuschelten und gestikulierten wild. Wenn Joachim Mewes nun doch nicht der Mörder war, wer war es dann gewesen?

Diese Frage stellte der Bürgermeister auch der Fischersfrau.

„Es war der Schustergeselle“, antwortete sie und zeigte entschlossen mit ausgestrecktem Zeigefinger auf den Benannten.

„Ich habe ihn mit eigenen Augen aus dem Fenster unserer Hütte beobachtet, nachdem er meinen Mann zuvor auf grausame Weise mit einer Sichel getötet hatte und anschließend mit einem Boot davon ruderte.“

Als der Schustergeselle das hörte, wurde er sichtlich nervös. Seine Reaktion darauf war die Flucht. Doch das wussten die Männer der Bürgerwehr zu verhindern, indem sie den Schustergesellen flink in den Schwitzkasten nahmen, um aus ihm die Wahrheit herauszuquetschen.

„Na los, spuck es schon aus! Warum hast du den Fischer ermordet? Und was ist mit Johanna und deinem eigenen Weib geschehen? Hast du die beiden ebenfalls auf dem Gewissen?“, fuhr vor allem Peter den Mann wütend an.

Da sich der Gefangengenommene in die Enge getrieben fühlte, begann er zu reden. „Ja, verdammt noch mal!“, brüllte er zurück, bevor er sich binnen Sekunden in eine vollkommen andere Seele verwandelte.

„Denn ich bin das Ungeheuer vom Arendsee“, lachte er schallend mit entgleister Mimik, die erkennen ließ, dass er längst nicht mehr Herr seiner Sinne war. Das Unglaubliche erreichte seinen Höhepunkt, als der Schustergeselle dann noch mit seinen Taten zu prahlen begann.

„Der Fischer und das Mädchen waren leichte Beute. Ich brauchte ihnen lediglich im Gebüsch aufzulauern, auf den richtigen Augenblick zu warten und im Anschluss mein Werk zu vollenden. Luise, mein Weib, dagegen hatte sterben müssen, weil sie mein Mordwerkzeug, die Sichel, in der Schusterwerkstatt entdeckt hatte. Die dumme Gans wollte sofort zu ihrer Mutter laufen, um ihr von der Entdeckung zu berichten. Doch dies habe ich gekonnt zu verhindern gewusst, indem ich ihr nachgelaufen bin und sie schließlich am See zum Schweigen brachte.“

Schockiert hielten die Einwohner erneut den Atem an. Das Gerücht um Morasti, das Ungeheuer vom Arendsee, konnte somit doch noch geklärt und der anfangs verdächtige Schmied Joachim Mewes sogar lebend von seiner Schuld freigesprochen werden.

Obwohl die Teile der einst im See versunkenen Mühle inzwischen längst geborgen wurden, hat sie sich dennoch bis heute ihren Mythos bewahrt.

Außerdem von Sina Kongehl-Breddin beim Rediroma-Verlag erschienen:

Abschied vom Liebchen
ISBN 978-3-96103-871-8
9,95 Euro

Bismark, 1923. In der von der Inflation gebeutelten Kleinstadt herrscht ein strenger Winter. Die Bewohner von Bismark versuchen, ihren Alltag so gut wie möglich zu meistern. So auch die Wirtsleute Theo und Minna Kluge aus dem „Weissen Schwan". Doch plötzlich wird Theo krank, das Geld ist knapp und dann geschehen auch noch ein Mord und mehrere Diebstähle.
Der übereifrige Kommissar Kurt Fuchs verhaftet den jungen Musiker Paul Sattler. Der Angestellte und zukünftige Schwiegersohn des gefeierten Bismarker Komponisten- und Musikverlegers Konrad Breuer streitet jedoch alles ab. Doch kann er seine Unschuld auch beweisen?

Mörderische Augenblicke
ISBN 978-3-98527-919-7
9,95 Euro (D)

Mörderische Augenblicke begegnen einem in diesen Buch nicht nur in verschiedenen Alltagssituationen, sondern auch an vollkommen unterschiedlichen Orten der Altmark. Da gibt es den Detektiv, der von seiner Klientin reingelegt wird, den berechnenden Hausmeister, der seine Nachbarin um ihr Erspartes bringt oder den Pfarrer, der ein schweres Familiengeheimnis hütet. Egal, ob die Täter aus Unwissenheit, Berechnung oder gezielter Planung agieren, Spannung garantiert dieses Lesevergnügen allemal.